ANFANG UND ENDE

Glaube nicht, daß Du ewig bist

© 2001 Patricia Schuster, Essen

Alle Rechte vorbehalten.

Umschlagfoto: Patricia Schuster
Satz: Detlef Böhm, gesetzt mit $\LaTeX 2_\varepsilon$
Herstellung: Books on Demand GmbH
Printed in Germany

ISBN 3-8311-1681-4

Patricia Schuster

ANFANG UND ENDE
Glaube nicht, daß Du ewig bist

Gedichte

Für meine Seelenverwandte
Antje

Anfang und Ende

ANFANG UND ENDE

Aus dem Nebel
rufst du.
Ich nenne dich Schicksal
und Zeichen.

Dein Spiel heißt
Anfang und Ende,
du Rätsel
ewig schön.

In deinen Augen
tanzen Freude und Trauer miteinander,
rufen einander zu:
Glaube nicht, daß du ewig bist.

ZWISCHENWELTEN

Zwischenwelten
hell und dunkel,
gestern und morgen,
nicht mehr hier,
noch nicht dort.

Ich fliehe
in die Gegenschönheit
der Klänge,
jetzt,
wo mich hier nichts mehr hält.

REISE

Reise
ans andere Ende unserer Welt

Unterwegs
von einem Rand des Seins
zum anderen

Das Dunkel
ist die andere Hälfte
der Seele.
Es trägt
unser Schweigen
als Zeichen.

GESTRANDET

Die Weltseele
in zwei Hälften brechen sehen

Die Sterne
nicht mehr singen hören

Zum tausendsten Mal
gestrandet
an den Ufern des Nichts

DAS ENDE

Das Ende
wohnt
in den hellen,
den dunklen Seelen
seit Ewigkeit

Baum der Erkenntnis
dein Schatten
aus Feuer

ENDE IST ANFANG

Ende
ist Anfang
ist Ende
ein und derselbe Atem
in der Stille
jenseits aller Angst.
Mich trägt
der wolkenleuchtende Himmel,
Baumkronen
glänzen im Regen,
und ich
lasse die Gewichte liegen
und laufe singend
durch die Nacht.

TRAUM

Das Tor zwischen gestern und morgen
schwingt langsam zu

Dies ist der Ort,
wo alles endet
und alles beginnt

Du läßt
aus deinen Händen
den Rest der Welt,
Klarheit und Chaos

WENN ALLES VORBEI IST

Wenn alles vorbei ist,
was wird bleiben?
Wer wird
die ungesagten Worte
verstehen
und den Gesang der Schatten?

Vergangenheit
und Zukunft
bist du
meine sterbliche
Liebe

VERHEISSUNG

Das Zerbrochene
das tausendmal
aufs neue Zerschlagene
wird alles Licht

Was heute
entseelt von Schmerz
durch dunkle Straßen
ziellos
treibt,
löst sich auf
in klares Nichts,
durchdringt
die Unendlichkeit,
wird Licht

Liebesgedichte

DESHALB

Den Schlüssel
hast du verloren,
nun irrst du
durch die Länder
deines Traums.
Ich liebe dich
für deine wüste Hoffnung,
mit der du
nach allem Festgefahrenen schlägst.

Über dir
dein einziger Gefährte,
ein leerer Mond.
Ich liebe dich
für den Schmerz, der deine Augen
nicht dunkler,
sondern heller werden läßt.

HINTER ALLEN FRAGEN

Hinter allen Fragen
der Schatten
deiner Worte

Hinter allem,
was ich je gefühlt,
mein Warten auf dich

Im Zentrum meines Denkens
ein weißer Fleck,
von Anfang an
für dich bestimmt

AN EINEM WORT

Du erkennst meine Stimme
an einem Wort

Du bist
die dunkle Rose
meiner Träume

O könnte ich dich rufen
ins Herz aller Dinge
das alles Trennende
aufhebt

LEICHTER

Es ist leichter,
zu glauben,
daß du nicht existierst,
als dich zu suchen
an allen dunklen Orten
dieser Welt.
Leichter, dich niemals
auch nur von ferne
zu ahnen,
als mich nach dir
zu sehnen
mit allen Kräften
meines Seins

PERSPEKTIVE

Meine kleine,
so begrenzte Welt
plötzlich
in ein Meer
von Licht getaucht,
weil es die Welt ist,
auf der du lebst,
und auf der wir
uns gefunden haben

NUR DREI WÜNSCHE

Immer wieder
deine Seele suchen

Dich nicht
begrenzen

Nie verlieren
das Vertrauen in dich

HALBES WUNDER

Noch glauben können
nach alledem
und - ansatzweise -
riskieren, zu lieben

Überhaupt
uns noch
gefunden zu haben,
trotz dieses „Zuviel"
an dem,
was man dann wohl
Lebenserfahrung
nennt

- zusammen
sind wir sicher
tausend Jahre alt

GANZ VERTRAUEN

Gegen die Liebe
gehandelt
wohl hundertmal
aus Stolz
und tausendmal
aus Angst

Laß uns
den Kreis
durchbrechen
und das Gefürchtete
tun:
Einander ganz
vertrauen

UNDENKBAR

Augenblicke
der Ahnung

Die Schwingen
schwarzer Schwäne

Verbotene Sekunden
und Glück
auf tönernen Füßen

Zwischenspiele I

WORTE I

Worte
kleine
schwarze Zeichen
geformt aus
Unwägbarkeiten des Seins
Transformationen

Ach ihr
mit Tränen
in den Wind geschrieben

STIMMEN

Die Menschen sagen:
Glaube nur, was du siehst.

Die Zweifel sagen:
Alles Schöne ist bloße Illusion.

Die Stimme sagt:
Die dieselbe Idee vom Leben haben,
sind Teil voneinander.

LEBENSZEICHEN

Lebenszeichen
tanzend im Nebel des Vergessens
trunken der Tiefe
und allen Strebens entleert

Wer, ach wer
schreibt in den Wind
die Frage meines Seins,
wer füllt meine Hand
mit entfliehendem Licht?

Was tausend Worte
nicht vermochten
Laß Schweigen sich senken
auf diesen Tag

ZUEIGNUNG - DEN SUCHENDEN

Seit vielen hundert Jahren
eine Sehnsucht,
ein Ideal,
ein und dasselbe Sein

Tausendmal verloren
und gefunden

Vollkommene Identität,
ganz nah bei dir
in deinen Gedanken,
in deiner Seele

GETRÜBTE BLICKE

Getrübte Blicke
greifen nach Wolken
Lose Blätter
entäußert
füllen nichts als leeren Raum

Gedanken
zwanghaft leer
suchen Vergessen
vergeblich

Schwarzes Begreifen
lehnt sich auf,
nichts als das Ende,
das Ende
läßt es verstummen
Und da
sollen noch Worte
existieren?

NACHDENKEN

Nachdenken
über dich -
vielleicht nur um zu erkennen,
wer ich bin?
Den Funken Verstehen
in deinen Augen
wert achten
gegen den Rest der Welt.
Unirdisch klar sehen
dich
die auch das Zeichen trägt

WAHRHEIT

Vielleicht sind es Sekunden nur,
für die wir leben,
zu folgen einem Ideal -
du nennst es Wahrheit.

Zermürbend klar
ist dein, ist unser Weg.
Vorzeiten hast du dich entschieden -
du fragst, was bleibt.

Aus unergründlicher Gedankenwelt
siehst du mir nach
mit einem hellen
und einem dunklen Auge.

DAS GESETZ

Wirkliche Höhen
und wirkliche Tiefen
bedingen einander

Es ist das Gesetz
unseres Seins

Ich trage es
mit einem Lächeln
in meinen Gedanken

RATLOS

Gerade
wagst du es,
zu zerfallen.
Ratlos
stehe ich vor dir,
fast gänzlich fremd,
doch achtend
die Würde deines Tuns.

NIEMALS

Niemals
den Wind
kälter gespürt

Niemals
dich der Erde
näher gefühlt,

dieser Erde,
in der beides ruht,
Gräber
und deine Wurzeln

VERSUCHTER TROST

Die Nacht
hat einen Mantel
aus Tränen
um dich gelegt

Fast
will er dich
zu Boden ziehen

Doch bald,
sehr bald schon
wird er deine Stärke sein

AHNUNG I

Gesucht, gefragt,
gefunden
beides, ja und nein zugleich,
als fahle Antwort
schattenhaft
stellen sich doch nur neue Fragen ein.

Nur schemenhaft
erkenne ich
ein blasses Zeichen
ein und desselben Seins,
und ungefragt
gebe ich mich ganz in deine Hand.

Siehst du sie auch,
die Leichtigkeit,
die in den Lüften dieses Tages tanzt?
Jedoch du weißt
genauso gut wie ich,
dies kann bereits das Ende sein.

BRUCHSTÜCKE

Wir sind
Teile
eines Ganzen,
Bruchstücke nur,
doch wenn sie sich
zusammenfügen,
fehlt nur
ein Atemzug
bis zur Vollkommenheit

TEIL MEINES LEBENS

Du bist Teil
meines Lebens,
und ich
bin ein Teil von dir.
Was unser Tun
seit Ewigkeiten schon
bestimmt,
zieht
als ein leuchtender
Gedanke
von dir zu mir.

DIESES LIED

Dieses Lied
erklingt nur
dieses eine Mal

Die Worte
sind mit Sternen
in die Nacht geschrieben
und in einem Herzen
so voll
von Glück und Tränen

Dieses Lied
erklingt nur dies eine Mal
und dann nicht mehr

Geschichten von der Dunkelheit

ZURÜCK IN UNSERE WELT

Still
hängt der Abend
über dem Land,
von leisen Fragen schwer

Ich kann dich
weder hören
noch sehen,
und doch
träume ich mich
zurück in unsere Welt.

FREMD UND NAH

Für mich
sind tausend
Augenblicke
in deinen Augen
eins.

Du
bist Segen
und Geheimnis,
bist fremd
und nah.

WARTEN

Durch den dunklen
Garten gehen,
Sterne zählen,
warten
auf den Herbst
und auf den neuen Mond.

Ich weiß,
du rufst mich,
irgendwo.

ZWEIFEL

Zweifel,
ungebetene Gäste

Den Zauber des Ahnens
getauscht
gegen den Schmerz
des Wissens

Ein Traum,
durch den
dunkle Wolken ziehen

Endzeitstimmung,
bleischwer

UNZERSTÖRBAR

Blicke gesammelt
und Stimmen,
nach Zeichen gesucht,
geliebt,
gewütet
und endlich doch
kapituliert

Gefunden
den Teil des Seins,
der ewig ist,
unzerstörbar

LÄNGST BEGRABEN

Längst
das Licht verloschen,
verwischt
die Bilder
und ausgeträumt
die Träume

Worte des Erkennens,
unsere
gewesenen Zeichen,
unter Eis begraben

WAS WIR SIND

Ist es
deine Stimme,
die in stillen Nächten
durch meine Welten klingt?

Ist dein Gesicht
dein einziges Gesicht,
nicht nur
die Summe deiner Masken,
geformt aus Angst?

Wann werde ich wissen,
was du bist,
und was ich selbst
wirklich bin?

NUR SCHEINBAR

Du bist Teil
der Wahrheit,
du,
wie du am Abgrund stehst
und rufst
ins Nichts

Nach tausend Fragen
ist die Stille
nur scheinbar leer

NICHTS AUF ERDEN

Worte,
die an Dinge rühren,
die zu beschreiben
nie ein Mensch gewagt

Gefühle,
von denen alte Dichter sangen,
die längst vergessen
und deren Werke
versunken sind
im Meer der Zeit

Nichts
weiß ich auf Erden,
was mich so berührt
wie du

Zwischenspiele II

WORTE II

Niemands - Worte
aus dem Land
zwischen den Welten

Worte
einer lautlosen Sprache
ins Nichts geschrieben

FERNWEH

Mein zerbrechliches Zuhause
sind unsere Gedanken,
so sie eins sind.

All die übrige Zeit
treibe ich
im Nebel bloßen Ahnens.

Fernweh
zieht durch meine Träume.

SUCHE

Die Wolken
ungezählt
über den Himmel gestreut

Ein Blick
über den See
unendlich einsam

Eine Handvoll
Worte
verschwindend wenig

In allem
meine Suche nach dir,
nach deiner schönen
hellen, dunklen Seele

INS NICHTS

Du
rufst mich
ins Nichts
Essenz unseres Seins
Immer wieder
folge ich dir

ERSTMALS

Dein Sein
gelöst in Unwirklichkeit
Bilder
die Leere verströmen

Erstmals
bist du diesen Weg gegangen

Nur das absolute Nichts
huldigt
deinem Mut

BAUM DES SCHWEIGENS

Von Worten verstört
habe ich meine Früchte
gepflückt
vom Baum des Schweigens

In der Einsamkeit
erzähle ich leise
vom Lächeln
und von den Tränen

VERSPRECHEN

Ich gebe dir
meine Angst
zu treuen Händen

Den Rest von meinem Schweigen
gebe ich dir
und immerhin die Hälfte
von meinen Fragen

Ich flüchte nicht.
Laß mich dich sehen,
wie du bist.

ZERRISSEN

Ich
hätte mich klaglos
auf mein kleines Sein
beschränkt.
Du
forderst mich heraus
aus meinen Grenzen,
du Anfang
und du Ende.

Alleine
hätte ich mich einfach
auf der hellen
oder auf der dunklen Seite
installiert.
Du
läßt mich nicht,
jagst mich
zwischen beiden Welten
hin und her,
keiner davon fremd,
du mein böser,
mein guter Geist.

BIS AN DEN RAND

Unser Leben
ist ein Tanz
von Wesen
mit tausend Gesichtern.

Den Abgrund zwischen uns
habe ich gefüllt
mit Tränen
bis an den Rand.

ALLES GESEHEN

Ich habe
alles gesehen,
jeder neue Schritt
nur Abbild
eines längst begangenen Weges.

Mir vertraut
ist die Angst,
treu
trägt sie mich
durch meine Weiten,
bis wir uns wiederfinden
ganz am Anfang.

ZIRKULÄR

Ich kämpfe
nicht mehr

Dein Lächeln
ist in meiner Seele,
dein Geschenk an mich
Ich kämpfe
nicht mehr

Der Schmerz
ist mein Erinnern
seit deine Gedanken
meine geworden sind
Die geheimen Wege
kenne ich
seit tausend Jahren
Ich kämpfe
nicht mehr

AHNUNG II

Du bist
für mich
in den Sternen geschrieben
Ahnung
kommenden Seins

Wir stehen
wortlos
im Auge des Sturms
und aus dem übervollen
Herzen des Schweigens
drängt sich
gewaltlos
dein Name

BLICK DES ERKENNENS

Unsere Gedanken
finden sich wieder
jenseits allen Tuns

Dein Blick des Erkennens
brennt sich tief
in meine Seele

EWIGKEIT

Das,
was man als wahr erkannt hat,
zu lieben
ohne den Schatten
eines Zweifels

Dieser Augenblick
ist Ewigkeit

PROPHETIE

Und ich werde
dich finden,
irgendwo,
und du
wirst ganz anders sein
als in meinem Traum,
und doch alles,
wovon ich je geträumt.

Ich werde
an dir leiden
und dir
dennoch
einen Teil
meiner Seele schenken,
und du
wirst durch mich
in die Zukunft sehen.

Bedenk - Zeit

VERTRAUTES LAND

Land unserer Seelen
grenzenlose Weite
unter den Sternen
und dennoch
so nah
so unendlich vertraut

Ewige Sehnsucht
eine Hand in meiner
schwerelos
das Glück
unendlich

VERLOREN

Einmal
haben Himmel und Erde
ihre Plätze getauscht
und ich mich
ins All verloren

Seitdem
ist ein Teil von mir
in meinem Traum geblieben
und sucht dort
dein anderes Gesicht

Gegen die Furcht

Komm
fürchte dich nicht
vor dem
was dir so dunkel
und so groß erscheint

Der Mond
trägt dir
deinen Schatten nach
und
ein freundlicher Wind
tanzt
mit deinen Träumen

IRGENDWANN

Irgendwann
aller Schmerzen Ende

Kein Kämpfen
und kein Schreien
Nicht mehr
recht behalten müssen
nichts mehr
fragen wollen
nie mehr

So wird
die Erlösung sein

ZWEITER BLICK

Das Morgenlicht
vertreibt
die Geister
deiner Nächte,
aus trüb
wird klar,
und die finstere
Gestalt des Schreckens
war nur
der Schatten eines Baums.

UNTER DEM REGENBOGEN

Jener
lichtübergossene Baum
die Zweige noch
von Regentropfen
schwer

Meine Freunde
die Krähen
Heute
fliegen sie
unter dem Regenbogen

LETZTER VERSUCH

Deine Worte
haben ganze Welten
zwischen uns geschoben
Welten
deren Sprache ich
nicht spreche

Ich sehe deine Hand
herüberreichen
über das klaftertiefe
Schweigen
Ach wenn ich sie
doch nur ergreifen könnte

FAST

Kaum
zu berühren wagen
eine Wirklichkeit
zu schön für Worte

Zärtlich
die Hand ausstrecken wollen
um den Schleier
wegzuziehen

Fast
ahnen
das leuchtende Geheimnis
das dahinter liegt
doch nur
fast

DENNOCH

Alles
hast du gesehen,
das Dunkle
und das Helle,
Grenzen überschritten,
Unnennbares berührt,
und dennoch
stehst du noch
auf dieser Erde,
die sich weiter
um die Sonne dreht,
dennoch

Gegenwelten

Eine Reise in neun Tagen

I

Frage mich nicht,
wonach ich suche,
vielleicht
ist es nur ein Traum,
der mit dem ersten Licht
vergeht.
Ich weiß nur,
es ist nur der
wirklich Mensch,
der sucht.

II

Kein Sehen,
nur ein Ahnen,
nichts Gewisses,
nur Geheimnis,
statt Worten
ein verwischtes Bild
aus Klängen.

Nichts
weiß ich von dir
und kenne dich doch.

III

Über den Abgrund
trägt mich
deine Stimme
dunkel
wie die Nacht.

Ich sehe dich
kämpfen
mit Worten,
die ich nur sprechen,
niemals singen kann.

IV

Mit eisernen Schritten
marschiert
gegen mich
ein Heer von Zweifeln.

Ich werde mein Herz
festhalten
mit beiden Händen,
damit ich einmal,
nur einmal
mutig bin.

V

Einheit des Wesens
stärker
als alles, was je war

Fliege weiter,
du vertrauter Gedanke,
laß uns zusammen sehen,
was davon
ewig ist.

Dich
sehe ich,
dich
habe ich gesucht,
dein Alles
in diesem einen Blick.

VI

Überall
ist der Weg
zur Wahrheit.

Deine Worte,
behutsam
das Grauen nur streifend,
doch
mein Weg
führt ins Schweigen,
und deine Fragen
denken weiter nach
in meiner Seele.

VII

Dein sind
Licht und Schatten,
Anfang und Ende
Teil von dir,
wie ein Lied
im Dunkeln,
wie Hoffnung
unter Tränen
und das Wissen,
alles ist eins.

VIII

Kommend
aus der Dunkelheit
und unwiederbringlich
wieder dorthin gehend,
winden sich
unsere Klänge
umeinander,
als seien sie eins
seit Ewigkeit

IX

Die letzten Töne
sind verklungen,
fallen
in die Schönheit
der Leere.

Ich bin
in die Nacht verliebt
und in den Mond,
der mich trägt.

Kraft meines Glaubens
löse ich mich
von deiner Seele
und verliere dich
nie mehr.

Inhalt

ÜBER DIE AUTORIN

Patricia Schuster wurde am 16. Januar 1972 in München geboren. Nach ihrer Schulzeit in Niederbayern begann sie 1991 ein Musikstudium, das sie zuerst nach Nürnberg, dann nach Essen führte. Im Februar 2000 legte sie an der Folkwang-Hochschule Essen ihr Konzertexamen im Fach Blockflöte ab.

Schon während des Studiums sah sie die Verbindung verschiedener künstlerischer Ausdrucksformen als wichtiges Aufgabenfeld, wobei sie sich vor allem mit dem Zusammenhang zwischen Musik und Literatur beschäftigte. Dies führte zu einer intensiven Auseinandersetzung mit verschiedenen Strömungen Neuer Musik sowie zunehmend auch zu eigenen literarischen Experimenten.

In „Anfang und Ende" unternimmt Patricia Schuster den Versuch einer Synthese klanglicher und sprachlicher Möglichkeiten, was sich auch in den formalen Strukturen ihrer Arbeiten gewissermaßen als Kompositionsprinzip niederschlägt.

Patricia Schuster lebt und arbeitet in Essen als Pädagogin und konzertierende Musikerin.